T0047837

A Kate Pollard

TAURO

Una guía para la mejor vida astrológica

STELLA ANDROMEDA

ILUSTRACIONES DE EVI O. STUDIO

cincotintas

I.

Conoce a Tauro

II.

Escorpio en profundidad

III.
Quiero saber más

Introducción

En el pronaos del templo de Apolo en Delfos había una inscripción con la frase «Conócete a ti mismo». Se trata de una de las ciento cuarenta y siete máximas, o normas de conducta, de Delfos y se le atribuyen al propio Apolo. Más adelante, el filósofo Sócrates amplió la idea y afirmó que «una vida sin examen no merece ser vivida».

Las personas buscamos el modo de conocernos a nosotras mismas y de encontrar sentido a la vida e intentamos entender los retos que plantea la existencia humana; con frecuencia, recurrimos a la psicoterapia o a sistemas de creencias, como las religiones organizadas, que nos ayudan a entender mejor la relación que mantenemos con nosotros mismos y con los demás y nos ofrecen herramientas concretas para conseguirlo.

Si hablamos de los sistemas que intentan dar sentido a la naturaleza y a la experiencia humanas, la astrología tiene mucho que ofrecernos mediante el uso simbólico de las constelaciones celestes, las representaciones de los signos zodiacales, los planetas y sus efectos energéticos. A muchas personas les resulta útil acceder a esta información y aprovechar su potencial a la hora de pensar en cómo gestionar su vida de un modo más eficaz.

¿Qué es la astrología?

En términos sencillos, la astrología es el estudio y la interpretación de la influencia que los planetas pueden ejercer sobre nosotros y sobre el mundo en el que vivimos mediante el análisis de sus posiciones en un punto temporal concreto. La práctica de la astrología se basa en una combinación de conocimientos fácticos acerca de las características de esas posiciones y la interpretación psicológica de las mismas.

La astrología es más una herramienta para la vida que nos permite acceder a sabiduría antigua y consolidada que un sistema de creencias. Todos podemos aprender a usarla, aunque no tanto como herramienta para adivinar o ver el futuro, sino como una guía que nos ofrece un conocimiento más profundo y una manera más reflexiva de entender la vida. La dimensión temporal es clave en astrología y conocer las configuraciones planetarias y las relaciones entre ellas en puntos temporales concretos puede ayudarnos a decidir cuál es el momento óptimo para tomar algunas de las decisiones importantes en nuestra vida.

Saber cuándo es probable que ocurra un cambio significativo en nuestras vidas como consecuencia de configuraciones planetarias específicas, como el retorno de Saturno (p. 103) o la retrogradación de Mercurio (p. 104), o entender qué significa que Venus esté en nuestra séptima casa (pp. 85 y 98), además de conocer las características específicas de nuestro signo zodiacal, son algunas de las herramientas que podemos usar en nuestro beneficio. El conocimiento es poder y la astrología puede ser un complemento muy potente a la hora de enfrentarnos a los altibajos de la vida y a las relaciones que forjamos por el camino.

Los 12 signos zodiacales

Cada uno de los signos del Zodíaco tiene unas características que lo identifican y que comparten todas las personas que han nacido bajo él. El signo zodiacal es tu signo solar, que probablemente conoces, ya que acostumbra a ser el punto desde el que empezamos a explorar nuestros senderos astrológicos. Aunque las características del signo solar pueden aparecer de un modo muy marcado en la personalidad, solo ofrecen una imagen parcial de la persona.

La manera como nos mostramos ante los demás acostumbra a estar matizada por otros factores que merece la pena tener en cuenta. El signo ascendente también es muy importante, al igual que la ubicación de nuestra Luna. También podemos estudiar nuestro signo opuesto, para ver qué características necesita reforzar el signo solar para quedar más equilibrado.

Una vez te hayas familiarizado con tu signo solar en la primera parte del libro, puedes pasar al apartado Quiero saber más (pp. 74-105) para empezar a explorar las particularidades de tu carta astral y sumergirte más profundamente en la miríada de influencias astrológicas que pueden estar influyéndote.

Los signos solares

La tierra necesita 365 días (y cuarto, para ser exactos) para completar la órbita alrededor del Sol y, durante el trayecto, nos da la impresión de que cada mes el Sol recorre uno de los signos del Zodíaco. Por lo tanto, tu signo solar refleja el signo que el Sol estaba atravesando cuando naciste. Conocer tu signo solar, así como el de tus familiares, amigos y parejas, no es más que el primero de los conocimientos acerca del carácter y de la personalidad a los que puedes acceder con la ayuda de la astrología.

En la cúspide

Si tu cumpleaños cae una fecha próxima al final de un signo solar y al comienzo de otra, vale la pena saber a qué hora naciste. Astrológicamente, no podemos estar «en la cúspide» de un signo, porque cada uno de ellos empieza a una hora específica de un día determinado, que, eso sí, puede variar ligeramente de un año a otro. Si no estás seguro y quieres saber con exactitud cuál es tu signo solar, necesitarás conocer la fecha, la hora y el lugar de tu nacimiento. Una vez los sepas, puedes consultar a un astrólogo o introducir la información en un programa de astrología en línea (p. 108), para que te confeccione la carta astral más precisa que sea posible.

Tauro

El toro

*

21 ABRIL – 20 MAYO

Tauro, con los pies en la tierra, sensual y aficionado a los placeres carnales, es un signo de tierra fijo al que su planeta regente, Venus, ha concedido la gracia y el amor por la belleza a pesar de que su símbolo sea un toro. Acostumbra a caracterizarse por una manera de entender la vida relajada y sin complicaciones, si bien terca a veces, y su signo opuesto es el acuático Escorpio.

Aries

El carnero

*

21 MARZO - 20 ABRIL

Astrológicamente, es el primer signo del Zodíaco y aparece junto al equinoccio vernal (o de primavera). Es un signo de fuego cardinal simbolizado por el carnero y el signo de los comienzos. Está regido por el planeta Marte, lo que representa dinamismo para enfrentarse a los retos con energía y creatividad. Su signo opuesto es el aéreo Libra.

Géminis

Los gemelos

✷

20 MAYO – 20 JUNIO

Géminis es un signo de aire mutable
simbolizado por los gemelos.
Siempre intenta considerar las dos
caras de un argumento y su ágil
intelecto está influido por Mercurio,
su planeta regente. Tiende a eludir
el compromiso y es el epítome
de una actitud juvenil. Su signo
opuesto es el ardiente Sagitario.

Cáncer

El cangrejo

✷

21 JUNIO – 21 JULIO

Representado por el cangrejo y la
tenacidad de sus pinzas, Cáncer
es un signo de agua cardinal,
emocional e intuitivo que protege
su sensibilidad con una coraza.
La maternal Luna es su regente y
la concha también representa la
seguridad del hogar, con el que
está muy comprometido. Su signo
opuesto es el terrestre Capricornio.

Virgo
La virgen
★

22 AGOSTO - 21 SEPTIEMBRE

Virgo, representado
tradicionalmente por una doncella
o una virgen, es un signo de tierra
mutable, orientado al detalle y con
tendencia a la autonomía. Mercurio
es su regente y lo dota de un
intelecto agudo que puede llevarlo
a la autocrítica. Acostumbra a
cuidar mucho de su salud y su signo
opuesto es el acuático Piscis.

Leo
El león
✶

22 JULIO - 21 AGOSTO

Leo, un signo de fuego fijo, está
regido por el Sol y adora brillar.
Es un idealista nato, positivo
y generoso hasta el extremo.
Representado por el león, Leo
puede rugir orgulloso y mostrarse
seguro de sí mismo y muy resuelto,
con una gran fe y confianza en la
humanidad. Su signo opuesto es el
aéreo Acuario.

Escorpio

El escorpión

✱

22 OCTUBRE – 21 NOVIEMBRE

Como buen signo de agua fijo, Escorpio es dado a las emociones intensas y su símbolo es el escorpión, que lo vincula así al renacimiento que sigue a la muerte. Sus regentes son Plutón y Marte y se caracteriza por una espiritualidad intensa y emociones profundas. Necesita seguridad para materializar su fuerza y su signo opuesto es el terrestre Tauro.

Libra

La balanza

✱

22 SEPTIEMBRE – 21 OCTUBRE

Libra, un signo aéreo cardinal regido por Venus, es el signo de la belleza, del equilibrio (de ahí la balanza) y de la armonía en un mundo que idealiza y al que dota de romanticismo. Con su gran sentido de la estética, Libra puede ser artístico y artesanal, pero también le gusta ser justo y puede ser muy diplomático. Su signo opuesto es el ardiente Aries.

Sagitario

El arquero

✦

22 NOVIEMBRE – 21 DICIEMBRE

Representado por el
arquero, Sagitario es un
signo de fuego mutable que
nos remite a los viajes y a
la aventura, ya sea física o
mental, y es muy directo.
Regido por el benévolo
Júpiter, Sagitario es
optimista y rebosa de ideas.
Le gusta la libertad y tiende
a generalizar. Su signo
opuesto es el aéreo Géminis.

Capricornio

La cabra

✦

22 DICIEMBRE – 20 ENERO

Capricornio, cuyo regente es
Saturno, es un signo de tierra
cardinal asociado al esfuerzo y
representado por la cabra, de
pisada firme pero a veces también
juguetona. Es fiel y no rehúye el
compromiso, aunque puede ser muy
independiente. Tiene la disciplina
necesaria para una vida laboral
como autónomo y su signo opuesto
es el acuático Cáncer.

Piscis
Los peces

20 FEBRERO – 20 MARZO

Piscis tiene una gran capacidad para adaptarse a su entorno y es un signo de agua mutable representado por dos peces que nadan en direcciones opuestas. A veces confunde la fantasía con la realidad y, regido por Neptuno, su mundo es un lugar fluido, imaginativo y empático, en el que acostumbra a ser sensible a los estados de ánimo de los demás. Su signo opuesto es el terrestre Virgo.

Acuario
El aguador

21 ENERO – 19 FEBRERO

A pesar de que estar simbolizado por un aguador, Acuario es un signo de aire fijo regido por el impredecible Urano, que arrasa con las ideas viejas y las sustituye por un pensamiento innovador. Tolerante, de mente abierta y humano, se caracteriza por la visión social y la conciencia moral. Su signo opuesto es el ardiente Leo.

Conoce a

I.

Tauro

El signo que el Sol estaba recorriendo en el momento en el que naciste es el punto de partida clave a la hora de usar el Zodíaco para explorar tu carácter y tu personalidad.

Signo de tierra fijo,
simbolizado por el toro.

Regido por Venus,
el planeta asociado a la diosa
romana de la belleza,
la fertilidad y el amor.

SIGNO OPUESTO

Escorpio

LEMA PERSONAL

«Yo tengo.»

Color

El verde y los verdes azulados del espectro turquesa casan con la elegancia y el refinamiento de este signo regido por Venus. Lleva ropa de estos colores y conecta con la energía de Tauro cuando necesites un empujoncito psicológico o un extra de valor y, si no tienes ropa de estos colores, opta por incluirlo en los accesorios (zapatos, guantes, calcetines, sombrero o incluso ropa interior).

II.

Día

El viernes. El último día laborable de la semana (para la mayoría de personas) y cuando el trabajador Tauro ya puede empezar a pensar en el descanso. *Viernes* procede de la expresión latina *Veneris dies*, es decir, 'día de Venus', planeta por el que está regido.

III.

Piedra preciosa

La esmeralda. El tradicional verde de la esmeralda nos recuerda que Tauro es un signo de tierra y se dice que los destellos de fuego verde que despide esta piedra preciosa protegen a Tauro de los ojos verdes de la envidia.

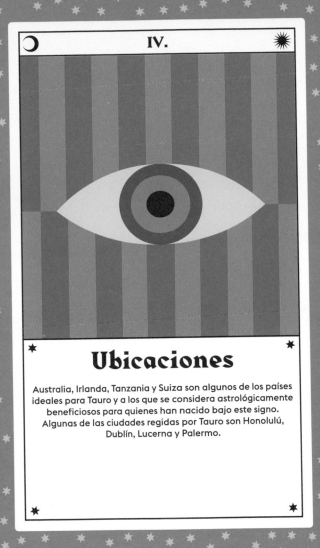

Ubicaciones

Australia, Irlanda, Tanzania y Suiza son algunos de los países
ideales para Tauro y a los que se considera astrológicamente
beneficiosos para quienes han nacido bajo este signo.
Algunas de las ciudades regidas por Tauro son Honolulú,
Dublín, Lucerna y Palermo.

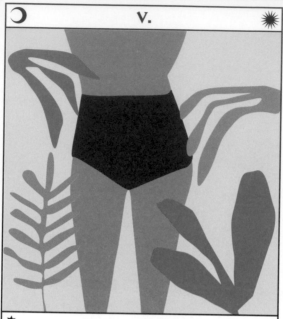

Vacaciones

A Tauro le gusta conectar con las cualidades más sensuales de la tierra y le encanta el lujo, por lo que las vacaciones en lugares bellos que lo ayuden a conectar con el cuerpo (como un balneario en Tailandia o un retiro de yoga de lujo en los bosques de Montana) podrían ser una muy buena opción. Tauro también disfruta de la comida, por lo que es fácil encontrarlo en unas vacaciones urbanas y degustando cocinas nuevas desde Italia hasta Indonesia.

Flores

La amapola es una de las dos flores de este signo solar.
La otra es la violeta, indomable y de aroma dulce. Las dos
ayudan a Tauro a consolidar su fuerza.

VII.

Árboles

El fresno, el ciprés y el manzano se asocian a Tauro. El manzano, además, se asocia a la diosa del amor y simboliza la conexión con la tierra.

Mascotas

El sensual placer de acariciar a un gato conecta especialmente bien con Tauro que, además, disfrutará todavía más de especies de pelo largo que necesiten cuidados de belleza, como los gatos persas.

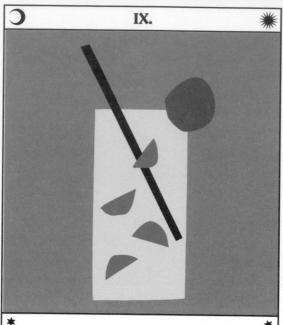

Fiestas

Tauro detesta las fiestas sorpresa, porque cree que sabe mejor que nadie cómo organizar un evento maravilloso. Su celebración ideal sería una cena a la luz de las velas para treinta comensales y con un menú degustación de doce platos. Animaría la fiesta con zumo de pomelo y prosecco, mientras que el mojito de Chartreuse tiene todos los ingredientes para hechizar incluso al más obstinado de los invitados.

Las características de Tauro

Responsable, tenaz y trabajador son algunos de los adjetivos clave asociados a Tauro. A veces se lo describe como fuerte y taciturno, lo que podría parecer bastante aburrido, pero esta fiabilidad tan sólida es la de un toro semental de concurso equilibrado por una naturaleza práctica y compasiva. Tauro en modo madre tierra será el primero en plantarse en casa de un amigo enfermo con comida reconfortante.

Tauro basa su seguridad sobre todo en las posesiones materiales y no es dado a la existencia nómada: prefiere echar raíces y crear una vida doméstica estable, esté donde esté. Esta necesidad de seguridad significa que Tauro acostumbra a gestionar bien el dinero; lo gana, lo ahorra y, con frecuencia, se lo gasta en el hogar, para crear un lugar seguro para sí mismo y para los bellos objetos que adquiere. A Tauro le gusta contenerse y se suele controlar mucho, hasta el punto de parecer reservado y de guardarse las emociones para sí. Anhela la permanencia y no le gusta el cambio, por lo que tiende a demostrar aversión al riesgo y a preferir resultados seguros basados en factores conocidos en lugar de seguir su instinto o actuar por impulso.

Tauro, regido por Venus, el planeta de la belleza y de la armonía, tiene buen olfato para el color y el diseño, además de una facilidad natural para crear cosas bonitas, pero, como es un signo práctico, prefiere traducir esa capacidad en algo sólido y duradero. Pensemos en el artista Joan Miró y en la cualidad sólida de sus cuadros, *collages*, esculturas y tapices. Es un Tauro típico. Si no crea algo bello directamente, su capacidad natural para encontrar belleza y gangas se combina para convertirlo en coleccionista o marchante de arte. Los gustos sensuales de Tauro se extienden a la comida y al vino y disfruta profundamente de la cocina y los placeres gourmet. La comida deliciosa siempre estará en su menú y la mayoría de Tauros estarán más que encantados de pasarse horas en la cocina preparando un festín.

Tauro, al que se considera uno de los signos menos complicados del Zodíaco, es una interesante combinación de la elegancia con lo terrenal. Como es un signo fijo, el cambio no le atrae especialmente y tampoco está inclinado a la espontaneidad: no es de los que corren al aeropuerto en el último momento con un cepillo de dientes como único equipaje. Tauro estará en el mostrador de facturación de primera clase, con las inevitables maletas de Louis Vuitton. Los cambios de planes súbitos lo asustan y es en momentos así cuando Tauro puede clavar las patas traseras, golpear el suelo con las pezuñas y hacer gala de la célebre tozudez del toro. Este es su aspecto negativo: puede ser dogmático, resistirse al cambio y mostrarse muy reservado. Aunque no se enfada con facilidad, Tauro no se deja pisar y, si se le presiona demasiado, puede explotar de verdad.

TEMPLAR
LA TIERRA

Las características clave de
cualquier signo solar se pueden
ver equilibradas (y en ocasiones
reforzadas) por las características
de otros signos en la misma
carta astral, sobre todo los que
corresponden al ascendente y a la
Luna. Eso explica que pueda haber
personas que aparentemente no
acaban de encajar en su signo
solar. Sin embargo, los rasgos Tauro
básicos siempre estarán ahí como
una influencia clave e informando
el modo de entender la vida
de la persona.

La parte física de Tauro

Tauro acostumbra a ser de rasgos y constitución fuertes, con una mirada directa y una actitud de seguridad física que transmiten que tiene los pies bien plantados en el suelo. La energía de Tauro es sólida, pero elegante, y lo mantiene centrado y capaz de ser una presencia muy serena, tranquila y tranquilizadora. Como sus apetitos sensuales lo llevan a disfrutar de la comida, puede tener algo de sobrepeso, aunque esto tiende a reforzar la sensación de masculinidad potente en los hombres y a intensificar una feminidad suave en las mujeres, algo que resulta atractivo en los unos y en las otras.

Salud

Tauro rige la garganta, el hogar de la nuez (también conocida como manzana de Adán, y recordemos que el manzano es el árbol de Tauro), y aunque eso le puede dar una voz bellísima a la hora de hablar y de cantar, también es uno de sus puntos débiles. Acostumbran a sufrir faringitis y problemas con la laringe y las cuerdas vocales y la voz les permite expresar tanto el placer como la ansiedad. Pueden ser proclives a problemas con la glándula tiroides, que también está en la garganta. Aunque las modas de salud que promueven la abstinencia o el ayuno no suelen encajar demasiado con la naturaleza sensual de Tauro, su amor por la belleza lo puede llevar a ser vanidoso y a contar calorías.

Ejercicio físico

Tauro se suele aburrir en el gimnasio, aunque el yoga y la natación le pueden ayudar a centrarse en el cuerpo. Tiende a embarcarse en regímenes de ejercicio que duran muy poco, porque acaban resultando incompatibles con el lujoso modo de vida que le gusta al toro. Acostumbra a caminar o incluso a correr, en parte para llegar antes a su destino. Reservar tiempo para un paseo diario es una buena manera para que Tauro haga ejercicio.

Cómo se comunica Tauro

Tauro, que con frecuencia tiene una voz bellísima, puede seducir con palabras cuidadosamente elegidas, mientras que la franqueza de su lenguaje corporal lo hace parecer muy accesible. Sin embargo, de Tauro no cabe esperar conversaciones especialmente ingeniosas ni un flirteo elaborado. Cuando habla, acostumbra a decir lo que piensa y a pensar lo que dice. Cálido y empático, sabe escuchar por naturaleza, aunque no siempre responde con rapidez. De hecho, no suele hacerlo hasta que está seguro de lo que quiere decir. Su manera de resolver problemas es reflexionar sobre el tema durante un tiempo y, entonces, formular sugerencias sensatas y prácticas. Cuando se trata de compartir sus propios problemas, también tiende a tomarse su tiempo y muy pocas veces muestra abiertamente sus emociones.

La carrera profesional de Tauro

Es fácil encontrar a Tauro en profesiones prácticas o que requieren trabajo manual, como la cocina, la jardinería, la peluquería o la estética. No le molesta ensuciarse las manos, por lo que muchos Tauro son jardineros hábiles y les gusta cultivar para luego comer lo plantado, aunque se trate de hierbas aromáticas en una maceta. La combinación de diseño y pragmatismo puede orientar a Tauro a la construcción, la arquitectura o sectores donde el diseño y el amor por la belleza y el orden tengan un resultado tangible. Es astuto en lo que concierne al dinero, por lo que las profesiones en el sector financiero también le pueden ir muy bien.

Tauro es menos mental que los signos de aire y se le da bien gestionar proyectos y asegurarse de que el trabajo se hace a tiempo. También suele prestar atención a los detalles, por lo que la edición de imágenes o de películas, donde hay que prestar gran atención al producto final, también puede ser un empleo que haga feliz a Tauro. La pasión por la gastronomía lo puede llevar a trabajar en una cocina profesional, aunque también puede usar la voz y el cuerpo para cantar, actuar o bailar profesionalmente.

La compatibilidad de Tauro

Ya hablemos de amor o de amistad, ¿cómo se lleva Tauro con los otros signos? Conocer a otros signos y cómo interactúan entre ellos puede resultar útil a la hora de gestionar relaciones, porque entenderemos qué características de los signos solares armonizan o chocan entre sí. La estructura astrológica nos ayuda a tomar conciencia de ello, lo que puede resultar muy útil porque despersonaliza las posibles fricciones y suaviza lo que parece ser opuesto.

Aunque es posible que el dogmático Tauro necesite aprender a armonizar las relaciones, las compatibilidades concretas dependerán del resto de influencias planetarias en su carta astral, que matizarán o intensificarán distintos aspectos de las características del signo solar, sobre todo las que, en ocasiones, pueden chocar con otros signos.

La mujer Tauro

La mujer Tauro es muy femenina y valora el romance y la pasión, como corresponde a quien tiene a Venus por regente. Aunque sabe reconocer el amor verdadero cuando lo encuentra, es poco probable que se deje llevar por un arrebato y se tomará el tiempo que necesite para sopesar con diligencia los pros y los contras antes de comprometerse. Acostumbra a tener buen carácter y a veces puede parecer pasiva, pero la profunda seguridad que siente en relación con sus talentos, instintos y gustos la hace muy atractiva.

MUJERES TAURO DESTACADAS

La elegancia de Tauro es evidente en actrices como Audrey Hepburn, Cate Blanchett y Penélope Cruz, mientras que la bailarina de ballet Darcey Bussell es la personificación de la gracia y la fuerza. Las cantantes Barbra Streisand, Janet Jackson y Laura Pausini tienen la voz y otras como la reina Isabel II de Inglaterra simbolizan la fuerza, la tenacidad y la dedicación al deber de las mujeres Tauro.

El hombre Tauro

Aunque algunas de las palabras con que podemos describir al hombre Tauro pueden dar la impresión de que es bastante aburrido, su carácter leal y apasionado es una combinación ganadora y, por lo general, fácil de llevar. Le gusta saborear el placer con lentitud y ofrece su atención inamovible durante tanto tiempo como dure su interés. Y, por lo general, una vez se ha decidido, se dedicará a ello (sea lo que sea) a largo plazo.

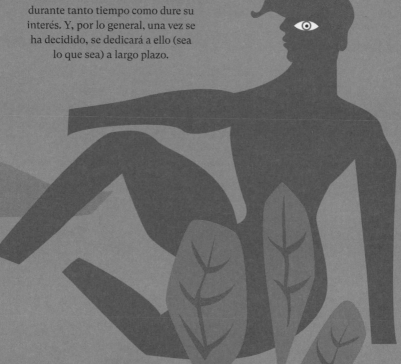

¿Quién quie

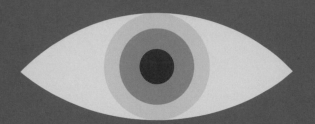

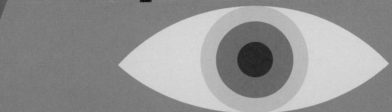

e u quién?

Tauro
y Aries

A Tauro le irá bien contar con algo del fuego de Aries, pero, aunque ambos disfrutan con la faceta física del amor, pueden chocar por cuestiones de dinero. Por eso, las relaciones pasajeras pueden funcionar muy bien, pero el matrimonio puede ser más complicado.

Tauro
y Tauro

El inconveniente de esta unión entre iguales puede ser el aburrimiento, porque aunque ambos son trabajadores y afectuosos, pueden carecer de esa chispa inicial que hace despegar las relaciones.

Tauro
y Géminis

Los opuestos se atraen y esta combinación de tierra/aire podría tener alas, aunque probablemente solo a corto plazo, porque la actitud volátil de Géminis tiende a chocar de frente con la necesidad básica de seguridad y constancia de Tauro.

Tauro
y Cáncer

sta combinación funciona
bien con facilidad, porque
el compromiso que ambos
sienten con la seguridad del
hogar los ayuda a forjar un
vínculo duradero. Ambos son
muy sensuales, lo que augura
una vida sexual igualmente
armoniosa.

Tauro
y Leo

Esta combinación tierra/fuego
puede funcionar bien, porque
une dos egos fuertes y que
coinciden en sus apetitos físicos,
aunque la reticencia de Tauro y
la necesidad de grandes gestos
de Leo puede dar lugar a cierta
tensión.

Tauro
y Virgo

La unión de estos dos signos de
tierra bien avenidos y con un amor
compartido por la continuidad y
el orden es un vínculo profundo
esperando a hacerse realidad.
Aunque Tauro puede resultar un poco
demasiado físico para Virgo, a este le
irá bien el aporte de pasión adicional.

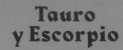

Tauro y Escorpio

Aunque, a primera vista, la compatibilidad entre estos dos signos no es evidente, lo cierto es que comparten un vínculo sexual que puede hacer que salten chispas entre ellos. Sin embargo, ambos tienden a ser posesivos, lo que puede dar lugar a fricciones.

Tauro y Libra

Venus rige a los dos signos, que comparten el amor por la belleza y el lujo. Aunque la cualidad aérea de Libra podría aligerar al terrenal Tauro, la atracción puede ser breve y acabar convirtiéndose en fuente de conflicto.

Tauro y Sagitario

La atracción sexual entre estos dos signos es inmediata, por lo que no se aburren nunca, pero la actitud espontánea de Sagitario puede chocar con Tauro, que acostumbra a preferir una existencia más tranquila y hogareña.

Tauro
y Acuario

La faceta altamente innovadora
y cerebral de este signo aéreo
y poco convencional tiende
a chocar de frente con el
enfoque más terrenal de Tauro,
por lo que esta combinación
acostumbra a ser demasiado
limitante para Acuario y
no suele ir más allá de una
aventura pasajera.

Tauro
y Piscis

Aunque ambos son signos muy
sensuales, es posible que la
imaginación del acuático Piscis
sea demasiado escurridiza para
el terrenal Tauro que, a pesar de
todo, valora la faceta creativa
de Piscis. Este equilibrio también
puede funcionar bien
en el dormitorio.

Tauro
y Capricornio

Con dos signos directos,
físicamente complementarios y
con muchos objetivos comunes,
puede que esta combinación no
sea la más romántica, pero se
basará en una amistad sólida
animada por un sentido del
humor parecido.

La escala del amor de Tauro

Menos compatible

Acuario   Tauro   Libra   Escorpio   Piscis   Capricornio

Más compatible

Aries   Sagitario   Géminis   Leo   Virgo   Cáncer

II.

Tauro

en profundidad

En esta sección, profundizaremos en cómo puede estar impulsándote o reteniéndote tu signo solar y empezaremos a pensar en cómo puedes usar ese conocimiento para informar tu camino.

El hogar de Tauro

Probablemente, lo primero que llama la atención de los demás acerca del hogar de Tauro es lo ordenado que está. Es posible que tenga múltiples objetos de arte y bonitos cuadros colgados en la pared, pero las alfombras estarán rectas, los libros perfectamente ordenados en las estanterías y la cama, hecha. Cuando Tauro vuelve a casa después de un duro día de trabajo, necesita sentir que llega a un santuario de calma donde todo está en su sitio. La cocina, en concreto, es un lugar que delata las prioridades de Tauro: es muy probable que esté repleta de cazos relucientes, con una encimera moderna y un procesador de alimentos de última generación.

Con frecuencia, usa tejidos de textura agradable que destacan sobre bellos suelos de madera pulida o de baldosa. Los colores acostumbran a ser del espectro de la tierra, como verdes, rojizos y marrones y también puede haber plantas tan bellas como bien cuidadas.

El amor por la naturaleza y su habilidad natural con las plantas lleva a muchos Tauro a convertir el jardín en una extensión de la casa, si es que no cuentan con un invernadero, un balcón o una terraza que les permita estar en contacto con la tierra y satisfacer su necesidad de conexión con la misma.

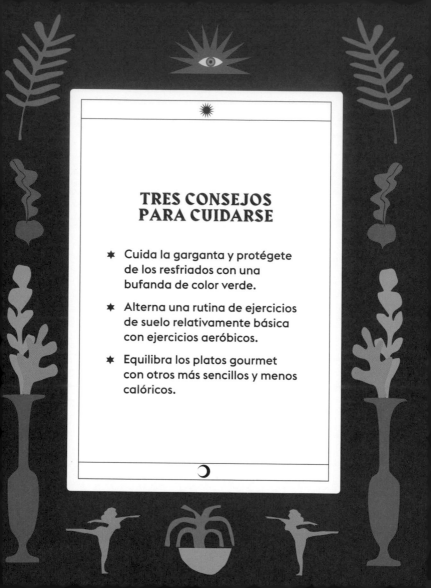

TRES CONSEJOS PARA CUIDARSE

★ Cuida la garganta y protégete de los resfriados con una bufanda de color verde.

★ Alterna una rutina de ejercicios de suelo relativamente básica con ejercicios aeróbicos.

★ Equilibra los platos gourmet con otros más sencillos y menos calóricos.

Cuidados personales

Tauro es uno de los pocos signos astrológicos a los que no hay que convencer de la importancia de cuidar de la salud: se puede decir que Tauro inventó el arte de cuidarse. No es especialmente neurótico, por lo que acostumbra a dormir bien y ajeno a las preocupaciones. Es demasiado racional para ser hipocondríaco y los dolores y molestias menores no le preocupan demasiado. Sin embargo, esta actitud serena y bovina no significa que no se tome la salud en serio, porque sí que lo hace y es probable que no falte a la clase de yoga semanal.

Como le gusta la rutina, una vez ha instaurado una rutina de ejercicio físico es muy probable que la mantenga. De hecho, para Tauro la felicidad consiste en poder visitar con regularidad un santuario de salud y belleza donde hacer un poco de ejercicio y luego un mucho de relajación, ya sea en la cama de masajes o tendido en la sauna. Por eso mismo, su baño suele parecer una especie de santuario, con muchas lociones aterciopeladas y toallas mullidas. Para Tauro, lo verdaderamente importante es la experiencia sensual y eso es lo que lo hace feliz después de todo un día de trabajo. La rutina de cuidados personales de Tauro también puede tener parte de vanidad, lo que tampoco resulta sorprendente si tenemos en cuenta el valor que otorga a la belleza este signo regido por Venus.

TRES IMPRESCINDIBLES EN LA DESPENSA DE TAURO

* Un *bouquet garni* o atadillo de hierbas, probablemente preparado con hierbas aromáticas que ha cultivado él mismo.

* Chocolate con un 80 por ciento de cacao, para cocinar.

* Aceite de oliva virgen extra de primera presión.

Tauro:
la comida
y la cocina

El sabor de la comida no es lo único que importa al sensual Tauro, que también disfruta con el aspecto, el aroma y la textura de los alimentos. Un plato de comida es más que combustible: puede ser una obra de arte. Aunque le gusta la comida tradicional, no le importa adornarla para mejorar el sabor o el aspecto de la misma o excederse un poco con la decoración de la tarta de cumpleaños.

Tauro conoce la importancia de usar ingredientes de gran calidad y prefiere cocinar un delicioso *coq au vin* que un simple pollo a la cazuela, aunque para el resto de los mortales una cosa y la otra sean lo mismo. Tauro disfruta cocinando, y trocear, laminar y remover equivale a meditar para él. Incluso después de un largo día de trabajo, es más probable que prepare un sencillo *risotto* de setas que se conforme con un huevo duro rápido. Para el toro, el proceso de cocinar proporciona tanto o más placer que comer.

TRES CONSEJOS
SOBRE EL DINERO

★ Guarda el dinero en un lugar seguro. No, debajo del colchón, no.

★ Trabaja para ganar dinero, pero acuérdate también de reservar tiempo para poder disfrutarlo.

★ Las decisiones de ahorro racionales siempre serán tu primera opción.

Cómo gestiona el dinero Tauro

Tauro entiende el dinero mejor que ningún otro signo astrológico: sabe lo que vale, cómo ganarlo, cómo ahorrarlo, cómo invertirlo y cómo gastarlo. Sin embargo, que llegue a hacerse rico no tiene nada que ver con la suerte. Lo consigue trabajando y esforzándose. Y eso puede significar estudiar los mercados financieros y hacer un buen trabajo de investigación antes de decidir dónde invertir. No encontrarás a Tauro comprando *bitcoins* ni apostando en un casino. No es su estilo y, además, le parece demasiado arriesgado. Cuando se trata de gestionar el dinero, tiene que existir en el aquí y ahora y, si es necesario, lo convertirá en ladrillo, no en una moneda virtual.

Tauro es de todo menos derrochador. En términos financieros, un mercado alcista describe un entorno en el que el precio de las acciones está subiendo y Tauro es de los primeros en hacerse con ese valor. El dinero representa la seguridad para Tauro, por lo que siempre intentará tener un buen colchón por si llegan momentos difíciles o para contar con una buena pensión una vez se jubile. El único inconveniente de la relación de Tauro con el dinero es que, por lo general, prefiere gastarlo en sí mismo que en otros, por lo que a veces puede parecer agarrado cuando hace regalos.

Tauro
y su jefe

Tauro suele buscar seguridad y tranquilidad mental en el trabajo y, en ocasiones, espera que sea el jefe quien se las proporcione. Por eso, suele ser muy obediente, lo que, según el área o la industria en que trabaje, puede resultar complicado si se le pide que actúe con independencia, iniciativa o de manera innovadora.

Tauro es el trabajador en equipo por excelencia y su capacidad de esfuerzo inspira a los demás, por lo que acostumbra a ser un empleado popular. La capacidad de Tauro para escuchar y dar opiniones bien fundamentadas también es muy apreciada por el equipo, porque antes de dar su parecer, reflexiona para poder justificarlo sólidamente. Sus compañeros también valoran su actitud positiva. No es cotilla, le gustan los chistes, detesta los dramas en el trabajo y muy pocas veces los provoca.

El jefe de Tauro valora su tenacidad y su capacidad de perseverar en una tarea, que lleva a cabo de la mejor manera posible. Cuando hay que delegar, no hay nadie mejor en quien hacerlo que Tauro. Si quiere, puede aprovecharlo, porque el esfuerzo y la tenacidad pueden ponerlo en el camino de un ascenso.

TRES CONSEJOS PARA TRATAR AL JEFE

★ Apela a tu sentido del humor y a tu empatía naturales a la hora de plantear tus ideas.

★ Asegúrate de que has acordado un plan antes de lanzarte de cabeza a lo que tú consideras el mejor camino.

★ Recuérdale a tu jefe que no eres lento, sino cuidadoso, y que los resultados hablan por sí mismos.

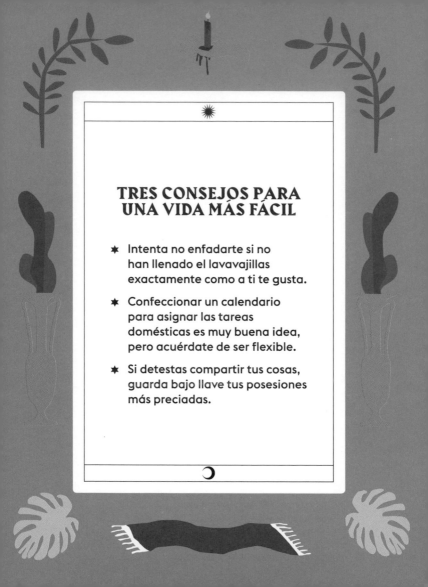

TRES CONSEJOS PARA UNA VIDA MÁS FÁCIL

★ Intenta no enfadarte si no han llenado el lavavajillas exactamente como a ti te gusta.

★ Confeccionar un calendario para asignar las tareas domésticas es muy buena idea, pero acuérdate de ser flexible.

★ Si detestas compartir tus cosas, guarda bajo llave tus posesiones más preciadas.

Vivir con Tauro

El deseo de vivir en un entorno bonito sumado al pragmatismo garantiza que las tareas domésticas se hagan a tiempo, que el armario del baño contenga lo estrictamente necesario y que los platos se frieguen a diario, en un esfuerzo para crear el entorno sereno y seguro que tanto anhela Tauro. El hogar de Tauro también suele ofrecer lo mejor que pueda conseguir con su presupuesto, ya se trate de toallas suntuosas o de una espátula de cocina de última generación.

Tauro es uno de los signos del Zodíaco con los que más fácil resulta convivir, siempre que las cosas se hagan a su manera, lo que puede exigir cierto arte de negociación: enfrentarse a un compañero de piso tan testarudo puede ser difícil. Tauro ama y valora los objetos bellos, por lo que puede ser muy posesivo y no muy dado a compartir. No reaccionará muy bien si alguien toma prestado algo suyo sin su permiso (¡o ni siquiera con autorización!). Sin embargo, Tauro es conocido por su generosidad en otros aspectos y le gusta que su casa sea un lugar acogedor. Le gusta tener invitados, con los que se muestra hospitalario y generoso... siempre que todos se acuerden de limpiarse bien los zapatos en el felpudo antes de entrar.

Tauro
y las
rupturas

Las rupturas son muy complicadas para Tauro, porque casi nunca se compromete a no ser que esté cien por cien seguro y crea que será para siempre. Además, las rupturas le resultan difíciles porque suponen un cambio importante, y a Tauro le puede costar mucho volver a comprometerse cuando había estado convencido de que su ex era su media naranja. Las rupturas agrias son aún más complicadas para Tauro, para quien la armonía es una necesidad básica. Aunque también puede mostrarse beligerante, a Tauro le cuesta herir los sentimientos de la persona a la que ha amado, incluso cuando es él mismo quien promueve la ruptura. Por eso, es posible que no diga mucho y que su ex tenga dificultades para entender por qué quiere poner fin a la relación.

TRES CONSEJOS PARA UNA RUPTURA MÁS FÁCIL

* Habla con claridad de lo que sientes, no eludas el tema.

* Si la ruptura es una sorpresa para ti, cuenta hasta cinco antes de reaccionar, porque el cambio siempre es difícil.

* Intenta no discutir por los objetos compartidos. No vale la pena.

Cómo quiere Tauro que le quieran

Tauro quiere que lo amen mucho y bien, con muchos abrazos y muchos mimos. Le gusta tener una confirmación física de que lo aman, por lo que las apasionadas declaraciones de amor no son lo suyo: quiere pruebas y las pruebas deben ser tangibles. Por ejemplo, le gustará que le preparen una cena, porque él también demuestra así su amor y su aprecio. O quizás que le regalen algo bonito para la casa (siempre que coincida con sus gustos). Sea como sea, a Tauro no le basta con que le digan que le quieren. Necesita tener pruebas que lo demuestren. El inconveniente es que pueden parecer demasiado dependientes a otros signos de espíritu más libre. De todos modos, una vez se siente seguro, Tauro está contento.

Lo que sucede es que la situación puede resultar algo confusa, porque Tauro tiende a ser reservado y eso lleva a que sus declaraciones de amor sean escasas. A pesar de ello, las apariencias engañan y, en la mayoría de ocasiones, Tauro es un amigo y un amante fiel. Las relaciones extramaritales tampoco son su estilo, porque su tendencia innata a echar raíces sumada a cierta holgazanería hace poco probable que se descarríen. «¿Por qué salir a por hamburguesas si en casa ya tengo filete?» es una frase que muy bien podría haber pronunciado un Tauro.

Como Tauro rige la garganta, el cuello puede ser una zona especialmente erógena y el masaje en el cuello y en los hombros es una manera infalible para relajarlo y aliviar el estrés del trabajo. En general, esta manera de actuar refleja muy bien cómo quiere Tauro que le quieran. Se siente bien con su cuerpo y le encantan los masajes, a poder ser con aceites esenciales y en un lugar bonito. Es una estrategia infalible para calmar a un toro enfurecido.

TRES CONSEJOS PARA AMAR A TAURO

★ Atiende tanto el cuerpo como el alma de Tauro: para él, son casi una misma cosa.

★ La seguridad es muy importante para Tauro. Si agendáis una cita, no falles.

★ No basta con decir «Te quiero». Para Tauro, obras son amores y no buenas razones.

La vida sexual de Tauro

Como el cuerpo es tan importante para el sensual Tauro, hacer el amor es sobre todo una cuestión de conexión física y los juegos previos acostumbran a ser directos y con mucho contacto visual. Sin embargo, esa conexión física se suele basar en la autenticidad y la confianza, por lo que no suele tener aventuras de una noche. Es muy probable que haya anticipado y previsto el sexo y haya preparado un lugar cómodo: Tauro no se suele dejar arrastrar por la lujuria, que es demasiado impredecible para que le resulte cómoda. Las mujeres Tauro pueden transmitir un erotismo delicado que no hace más que potenciar su estilo sensual.

Una vez se siente cómodo, Tauro puede ser juguetón y desvergonzado al estilo del *Decamerón*. Siempre que haya confianza, estará dispuesto a adentrarse en territorios sexuales inexplorados e incluso a participar en juegos de rol, aunque con ciertos límites. El exceso de fantasía puede apagarle el deseo. Lo que verdaderamente disfruta Tauro es la profunda seguridad que puede sentir al dormir en los brazos de su pareja después del sexo. De hecho, muchos Tauro creen que el sexo es el mejor antídoto del insomnio que existe.

Quiero

saber

más

Tu signo solar nunca te ofrece la imagen completa. En este apartado, aprenderás a leer los matices de tu carta astral y accederás a otro nivel de conocimientos astrológicos.

Tu carta astral

Tu carta astral es una instantánea de un momento concreto, en un lugar concreto, en el preciso momento de tu nacimiento y, por lo tanto, es absolutamente individual. Es como un plano, un mapa o un certificado de existencia que plantea rasgos e influencias que son posibles, pero que no están escritos en piedra. Es una herramienta simbólica a la que puedes recurrir y que se basa en las posiciones de los planetas en el momento de tu nacimiento. Si no tienes acceso a un astrólogo, ahora cualquiera puede obtener su carta astral en línea en cuestión de minutos (en la p. 108 encontrarás una lista de sitios y de aplicaciones para ello). Incluso si desconoces la hora exacta de tu nacimiento, saber la fecha y el lugar de nacimiento basta para confeccionar las bases de una plantilla útil.

Recuerda que en astrología nada es intrínsecamente bueno ni malo y que no hay tiempos ni predicciones explícitas: se trata más de una cuestión de influencias y de cómo estas pueden afectarnos, ya sea positiva o negativamente. Y si disponemos de cierta información y de herramientas con las que abordar, ver o interpretar nuestras circunstancias y nuestro entorno, tenemos algo con lo que empezar.

Vale la pena que, cuando leas tu carta astral, entiendas todas las herramientas que la astrología pone a tu alcance; no solo los signos astrológicos y lo que cada uno de ellos representa, sino también los 10 planetas que menciona la astrología y sus características individuales, además de las 12 casas y lo que significan. Por separado, estas herramientas ofrecen un interés pasajero, pero cuando empieces a ver cómo encajan las unas con las otras y se yuxtaponen, la imagen global te resultará más accesible y empezarás a desentrañar información que te puede resultar muy útil.

Hablando en términos generales, cada uno de los planetas sugiere un tipo distinto de energía, los signos zodiacales proponen distintas maneras en que esa energía se puede manifestar y las casas representan áreas de experiencia en las que puede operar dicha manifestación.

Lo siguiente que debemos añadir son las posiciones de los signos en cuatro puntos clave: el ascendente y su opuesto, el descendente; y el medio cielo y su opuesto, el fondo del cielo, por no mencionar los distintos aspectos que generan las congregaciones de signos y planetas.

Ahora será posible ver lo sutil que puede llegar a ser la lectura de una carta astral, lo infinita que es su variedad y lo altamente específica que es para cada persona. Con esta información y una comprensión básica del significado simbólico y de las influencias de los signos, los planetas y las casas de tu perfil astrológico único, puedes empezar a usar estas herramientas para que te ayuden a tomar decisiones en distintos aspectos de la vida.

Cómo leer tu carta astral

Si ya tienes tu carta astral, ya sea manuscrita o por un programa en línea, verás un círculo dividido en 12 segmentos, con información agrupada en varios puntos que indican la posición de cada signo zodiacal, en qué segmento aparecen y hasta qué punto. Independientemente de las características relevantes para cada uno, todas las cartas siguen el mismo patrón a la hora de ser interpretadas.

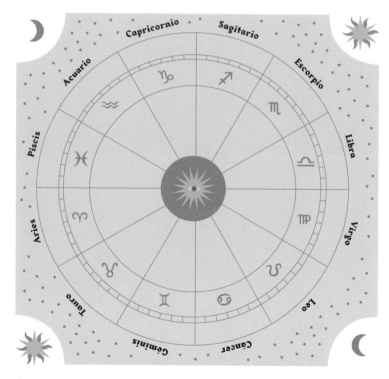

La carta astral se elabora a partir de la hora y el lugar de nacimiento y de la posición de los planetas en ese momento.

Si piensas en la carta astral como en una esfera de reloj, la primera casa (en las pp. 95-99 hablo de las casas astrológicas) empieza en el 9 y se sigue a partir de ahí en sentido antihorario, desde la primera casa hasta la duodécima, pasando por los 12 segmentos de la carta.

El punto inicial, el 9, es también el punto por el que el Sol sale en tu vida y te da el ascendente. Enfrente, en el 3 de la esfera del reloj, encontrarás el signo descendente. El medio cielo (MC) está en el 12 y su opuesto, el fondo del cielo (IC) está en el 6 (más información en las pp. 101-102).

Entender la importancia de las características de los signos zodiacales y de los planetas, de sus energías concretas, de sus ubicaciones y de sus relaciones entre ellos puede ayudarnos a entendernos mejor, tanto a nosotros mismos como a los demás. En nuestra vida cotidiana, la configuración cambiante de los planetas y de sus efectos también se entiende mucho mejor con un conocimiento básico de astrología y lo mismo sucede con las pautas recurrentes que unas veces refuerzan y otras entorpecen oportunidades y posibilidades. Si trabajamos con estas tendencias, en lugar de contra ellas, podemos hacer que nuestra vida sea más fácil y, en última instancia, más exitosa.

El efecto
de la
Luna

Si tu signo solar representa la conciencia, la fuerza vital y la voluntad individual, la Luna representa la faceta de tu personalidad que tiendes a mantener más oculta, o en secreto. Estamos en el territorio del instinto, de la creatividad y del inconsciente que, en ocasiones, nos llevan a lugares que nos cuesta entender. Esto es lo que otorga tanta sutileza y tantos matices a la personalidad, mucho más allá del signo solar. Es posible que tengas el Sol en Tauro y todo lo que eso significa, pero eso puede verse contrarrestado por una Luna intuitiva y mística en Piscis; o quizás tengas el Sol en el efusivo Leo, pero también la Luna en Acuario, con la rebeldía y el desapego emocional que eso supone.

Las fases de la Luna

La Luna orbita alrededor de la Tierra y tarda unos 28 días en dar una vuelta completa. Como vemos más o menos Luna en función de cuánta luz del Sol refleje, nos da la impresión de que crece y decrece. Cuando la Luna es nueva para nosotros, la vemos como un mero filamento. A medida que crece, refleja más luz y pasa de luna creciente a cuarto creciente y de ahí a luna gibosa creciente y a luna llena. Entonces, empieza a decrecer y pasa a gibosa menguante, luego a cuarto menguante, y vuelta a empezar. Todo esto sucede en el transcurso de cuatro semanas. Cuando tenemos dos Lunas llenas en un mes del calendario gregoriano, llamamos Luna azul a la segunda.

Cada mes, la Luna también recorre un signo astrológico, como sabemos por nuestras cartas astrales. Esto nos ofrece más información (una Luna en Escorpio puede ejercer un efecto muy distinto que una Luna en Capricornio) y, en función de nuestra carta astral, ejercerá una influencia distinta cada mes. Por ejemplo, si la Luna en tu carta astral está en Virgo, cuando la Luna astronómica entre en Virgo ejercerá una influencia adicional. Para más información, consulta las características de los signos (pp. 12-17).

El ciclo de la Luna tiene un efecto energético que podemos ver con claridad en las mareas oceánicas. Astrológicamente, como la Luna es un símbolo de fertilidad y, además, sintoniza con nuestra faceta psicológica más profunda, podemos usarla para centrarnos con mayor profundidad y creatividad en los aspectos de la vida que sean más importantes para nosotros.

Los eclipses

Hablando en términos generales, un eclipse ocurre cuando la luz de un cuerpo celeste queda tapada por otro. En términos astrológicos, esto dependerá de dónde estén el Sol y la Luna en relación con otros planetas en el momento del eclipse. Por lo tanto, si un eclipse solar está en la constelación de Géminis, ejercerá una influencia mayor sobre el Géminis zodiacal.

Que un área de nuestras vidas quede iluminada u oculta nos invita a que le prestemos atención. Los eclipses acostumbran a tener que ver con los principios y los finales y, por eso, nuestros antepasados los consideraban acontecimientos portentosos, señales importantes a las que había que hacer caso. Podemos saber con antelación cuándo ha de ocurrir un eclipse y están cartografiados astronómicamente; por lo tanto, podemos evaluar con antelación su significado astrológico y actuar en consecuencia.

Los 10 planetas

En términos astrológicos (no astronómicos, porque el Sol es en realidad una estrella), hablamos de 10 planetas y cada signo astrológico tiene un planeta regente. Mercurio, Venus y Marte rigen dos signos cada uno. Las características de cada planeta describen las influencias que pueden afectar a cada signo y toda esa información contribuye a la interpretación de la carta astral.

La Luna

Este signo es el principio opuesto del Sol, con el que forma una díada, y simboliza lo femenino, la contención y la receptividad, la conducta más instintiva y emotiva.

Rige el signo de Cáncer.

El Sol

El Sol representa lo masculino y simboliza la energía que da vida, lo que sugiere una energía paterna en la carta astral. También simboliza nuestra identidad, o ser esencial, y nuestro propósito vital.

Rige el signo de Leo.

Mercurio

Mercurio es el planeta de la comunicación y simboliza la necesidad de dar sentido, entender y comunicar nuestros pensamientos mediante palabras.

Rige los signos de Géminis y Virgo.

Venus

El planeta del amor tiene que ver con
la atracción, la conexión y el placer,
y en la carta de una mujer simboliza
su estilo de feminidad, mientras que
en la de un hombre representa a su
pareja ideal.

Rige los signos de Tauro y Libra.

Marte

Este planeta simboliza la energía
pura (por algo Marte era el dios de la
guerra), pero también nos dice en qué
áreas podemos ser más asertivos o
agresivos y asumir riesgos.

Rige los signos de Aries y Escorpio.

Saturno

En ocasiones, Saturno recibe el nombre de maestro sabio. Simboliza las lecciones aprendidas y las limitaciones, y nos muestra el valor de la determinación, la tenacidad y la fortaleza emocional.

Rige el signo de Capricornio.

Júpiter

Júpiter es el planeta más grande de nuestro sistema solar y simboliza la abundancia y la benevolencia, todo lo que es expansivo y jovial. Al igual que el signo que rige, también tiene que ver con alejarse de casa en viajes y misiones de exploración.

Rige el signo de Sagitario.

Urano

Este planeta simboliza lo inesperado, ideas nuevas e innovación, además de la necesidad de romper con lo viejo y recibir lo nuevo. Como inconveniente, puede indicar una dificultad para encajar y la sensación derivada de aislamiento.

Rige el signo de Acuario.

Plutón

Alineado con Hades (*Pluto*, en latín), el dios del inframundo o de la muerte, este planeta ejerce una fuerza muy potente que subyace a la superficie y que, en su forma más negativa, puede representar una conducta obsesiva y compulsiva.

Rige el signo de Escorpio.

Neptuno

Asociado al mar, trata de lo que hay bajo la superficie, bajo el agua y a tanta profundidad que no podemos verlo con claridad. Sensible, intuitivo y artístico, también simboliza la capacidad de amar incondicionalmente, de perdonar y olvidar.

Rige el signo de Piscis.

Los cuatro elementos

Si agrupamos los doce signos astrológicos según los cuatro elementos de tierra, fuego, aire y agua, accedemos a más información que, esta vez, nos remonta a la medicina de la antigua Grecia, cuando se creía que el cuerpo estaba compuesto por cuatro fluidos o «humores» corporales. Estos cuatro humores (sangre, bilis amarilla, bilis negra y flema) se correspondían con los cuatro temperamentos (sanguíneo, colérico, melancólico y flemático), las cuatro estaciones del año (primavera, verano, otoño e invierno) y los cuatro elementos (aire, fuego, tierra y agua).

Si las relacionamos con la astrología, estas cualidades simbólicas iluminan más las características de los distintos signos. Carl Jung también las usó en su psicología y aún decimos de las personas que son terrenales, ardientes, aéreas o escurridizas en su actitud ante la vida, mientas que a veces decimos que alguien «está en su elemento». En astrología, decimos que los signos solares que comparten un mismo elemento son afines, es decir, que se entienden bien.

Al igual que sucede con todos los aspectos de la astrología, siempre hay una cara y una cruz, y conocer la «cara oscura» nos puede ayudar a conocernos mejor y a determinar qué podemos hacer para mejorarla o equilibrarla, sobre todo en nuestras relaciones con los demás.

Aire

GÉMINIS ✱ LIBRA ✱ ACUARIO

Fuego

ARIES ✱ LEO ✱ SAGITARIO

Estos signos destacan en el terreno de las ideas. Son perceptivos, visionarios y capaces de ver la imagen general y cuentan con una cualidad muy reflexiva que los ayuda a destensar situaciones. Sin embargo, demasiado aire puede disipar las intenciones, por lo que Géminis puede ser indeciso, Libra tiende a sentarse a mirar desde la barrera y Acuario puede desentenderse de la situación.

Estos signos despiden calidez y energía y se caracterizan por una actitud positiva, una espontaneidad y un entusiasmo que pueden ser muy inspiradores y motivadores para los demás. La otra cara de la moneda es que Aries tiende a precipitarse, Leo puede necesitar ser el centro de atención y Sagitario puede tender a hablar mucho y actuar poco.

Tierra

TAURO ✳ VIRGO ✳ CAPRICORNIO

Estos signos se caracterizan
por disfrutar de los placeres
sensuales, como la comida y
otras satisfacciones físicas,
y les gusta tener los pies en
el suelo, por lo que prefieren
basar sus ideas en hechos. El
inconveniente es que Tauro
puede parecer testarudo, Virgo
puede ser un tiquismiquis y
Capricornio puede tender
a un conservadurismo
empedernido.

Agua

CÁNCER ✳ ESCORPIO ✳ PISCIS

Los signos de agua son muy
sensibles al entorno, como
el vaivén de la marea, y
pueden ser muy perceptivos
e intuitivos, a veces hasta
niveles asombrosos, gracias a
su sensibilidad. La otra cara
de la moneda es que tienden a
sentirse abrumados y Cáncer
puede tender tanto a la
tenacidad como a protegerse
a sí mismo, Piscis parecerse a
un camaleón en su manera de
prestar atención y Escorpio
ser impredecible e intenso.

1.ª casa

LA IDENTIDAD

REGIDA POR ARIES

Esta casa simboliza la personalidad: tú, quién eres y cómo te representas, qué te gusta y qué no, y tu manera de entender la vida. También representa cómo te ves y lo que quieres de la vida.

2.ª casa

LOS RECURSOS

REGIDA POR TAURO

La segunda casa simboliza tus recursos personales, lo que posees, incluido el dinero, y cómo te ganas la vida y adquieres tus ingresos. También tu seguridad material y las cosas físicas que llevas contigo a medida que avanzas por la vida.

3.ª casa

LA COMUNICACIÓN

REGIDA POR GÉMINIS

Esta casa habla de la comunicación y de la actitud mental y, sobre todo, de cómo te expresas. También de cómo encajas en tu familia y de cómo te desplazas a la escuela o al trabajo e incluye cómo piensas, hablas, escribes y aprendes.

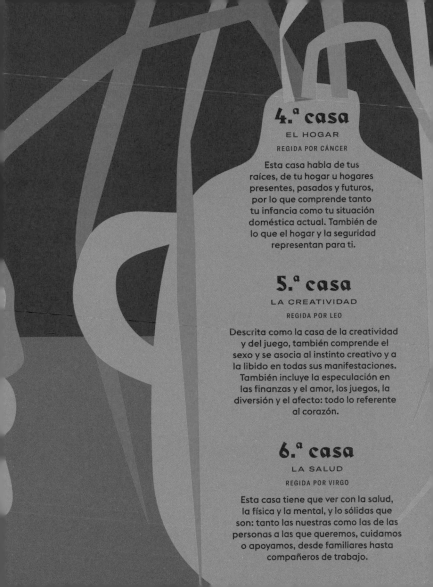

4.ª casa

EL HOGAR

REGIDA POR CÁNCER

Esta casa habla de tus raíces, de tu hogar u hogares presentes, pasados y futuros, por lo que comprende tanto tu infancia como tu situación doméstica actual. También de lo que el hogar y la seguridad representan para ti.

5.ª casa

LA CREATIVIDAD

REGIDA POR LEO

Descrita como la casa de la creatividad y del juego, también comprende el sexo y se asocia al instinto creativo y a la libido en todas sus manifestaciones. También incluye la especulación en las finanzas y el amor, los juegos, la diversión y el afecto: todo lo referente al corazón.

6.ª casa

LA SALUD

REGIDA POR VIRGO

Esta casa tiene que ver con la salud, la física y la mental, y lo sólidas que son: tanto las nuestras como las de las personas a las que queremos, cuidamos o apoyamos, desde familiares hasta compañeros de trabajo.

7.ª casa

LAS RELACIONES

REGIDA POR LIBRA

Esta casa, opuesta a la primera, refleja los objetivos compartidos y las relaciones íntimas, tu elección de pareja y lo exitosas que pueden ser las relaciones. También refleja las asociaciones y los adversarios en tu mundo profesional.

8.ª casa

LA REGENERACIÓN Y LA MUERTE

REGIDA POR ESCORPIO

Entiende «muerte» como regeneración o transformación espiritual: esta casa también representa los legados y lo que heredas después de la muerte, tanto en rasgos de personalidad como materialmente hablando. Y como la regeneración necesita sexo, esta casa también es la del sexo y las emociones sexuales.

9.ª casa

LOS VIAJES

REGIDA POR SAGITARIO

Esta es la casa de los viajes a larga distancia y de la exploración, así como de la apertura de mente que el viaje puede traer consigo y de cómo se expresa. También refleja la difusión de ideas, que puede traducirse en esfuerzos literarios o de publicación.

11.ª casa

LAS AMISTADES

REGIDA POR ACUARIO

La undécima casa representa
los grupos de amistades y de
conocidos, la visión y las ideas. No
trata de la gratificación inmediata,
sino de los sueños a largo plazo y
de cómo estos se pueden hacer
realidad si somos capaces de
trabajar en armonía con los demás.

12.ª casa

LOS SECRETOS

REGIDA POR PISCIS

Se la considera la casa más
espiritual y es también la del
inconsciente, los secretos y lo que
puede estar oculto; es el metafórico
esqueleto en el armario. También
refleja las maneras encubiertas
en que podemos sabotearnos a
nosotros mismos y bloquear nuestro
propio esfuerzo negándonos a
explorarlo.

10.ª casa

LAS ASPIRACIONES

REGIDA POR CAPRICORNIO

Representa nuestras aspiraciones y
nuestro estatus social, cuán arriba
(o no) deseamos estar socialmente,
nuestra vocación y nuestra imagen
pública y lo que nos gustaría
conseguir en la vida mediante
nuestro propio esfuerzo.

El ascendente

El ascendente es el signo del Zodíaco que aparece en el horizonte justo al alba del día en que nacemos y depende del lugar y de la hora de nacimiento. Por eso, cuando hablamos de astrología resulta útil conocer la hora de nacimiento, porque el ascendente ofrece mucha información acerca de los aspectos de tu personalidad que son más evidentes, de cómo te presentas y de cómo te perciben los demás. Por lo tanto, aunque tu signo solar sea Tauro, si tienes ascendente Sagitario es posible que se te perciba como a una persona desenvuelta, con un interés evidente por la aventura, en un sentido o en otro. Conocer tu ascendente (o el de otra persona) te puede ayudar a entender por qué da la impresión de que no hay una relación directa entre la personalidad y el signo solar.

Si sabes la hora y el lugar en que naciste, calcular el ascendente con una herramienta en línea o una aplicación es muy fácil (p. 108). Pregúntale a tu madre o a algún familiar o consulta tu partida de nacimiento. Si la carta astral fuera una esfera de reloj, el ascendente estaría en el 9.

El descendente

El descendente nos da una indicación de un posible compañero de vida, a partir de la idea de que los opuestos se atraen. Una vez conocido el ascendente, calcular el descendente es muy sencillo, porque siempre está a seis signos de distancia. Así, si tu ascendente es Virgo, tu descendente es Piscis. Si la carta astral fuera una esfera de reloj, el descendente estaría en el 3.

El medio cielo (MC)

La carta astral también indica la posición del medio cielo (del latín *medium coeli*), que refleja tu actitud hacia el trabajo, la carrera profesional y tu situación profesional. Si la carta astral fuera una esfera de reloj, el MC estaría en el 12.

El fondo de cielo (IC)

Para terminar, el fondo de cielo (o IC, por el latín *imum coeli*, que alude a la parte inferior del cielo), refleja tu actitud hacia el hogar y la familia y también tiene que ver con el final de tu vida. Tu IC está enfrente de tu MC. Por ejemplo, si tu MC es Acuario, tu IC será Leo. Si la carta astral fuera una esfera de reloj, el IC estaría en el 6.

El retorno de Saturno

Saturno es uno de los planetas más lentos y tarda unos 28 años en completar su órbita alrededor del Sol y regresar al lugar que ocupaba cuando naciste. Este regreso puede durar entre dos y tres años y es muy evidente en el periodo previo al trigésimo y el sexagésimo aniversarios, a los que acostumbramos a considerar cumpleaños importantes.

Como en ocasiones la energía de Saturno puede resultar muy exigente, no siempre son periodos fáciles en la vida. Saturno es un maestro sabio o un supervisor estricto y algunos consideran que el efecto de Saturno es «cruel para ser amable», al igual que los buenos maestros, y nos mantiene en el camino como un entrenador personal riguroso.

Cada uno experimenta el retorno de Saturno en función de sus circunstancias personales, pero es un buen momento para recapacitar, abandonar lo que ya no nos sirve y reconsiderar nuestras expectativas, al tiempo que asumimos con firmeza qué nos gustaría añadir a nuestra vida. Por lo tanto, si estás pasando, o a punto de pasar, por este evento vital, recíbelo con los brazos abiertos y aprovéchalo, porque lo que aprendas ahora (acerca de ti mismo, fundamentalmente) te será muy útil, por turbulento que pueda llegar a ser, y puede rendir dividendos en cómo gestionas tu vida durante los próximos 28 años.

La retrogradación de Mercurio

Incluso las personas a quienes la astrología no interesa demasiado se dan cuenta de cuándo Mercurio se encuentra retrógrado. Astrológicamente, la retrogradación es un periodo en el que los planetas están estacionarios pero, como nosotros seguimos avanzando, da la impresión de que retroceden. Antes y después de cada retrogradación hay un periodo de sombra en el que podríamos decir que Mercurio ralentiza o acelera su movimiento y que también puede ser turbulento. En términos generales, se aconseja no tomar ninguna decisión relativa a la comunicación durante una retrogradación y, si se acaba tomando, hay que tener en cuenta que es muy posible que no sea la definitiva.

Como Mercurio es el planeta de la comunicación, es fácil entender por qué preocupa su retrogradación y la relación de esta con los fracasos comunicativos (ya sean del tipo más tradicional, como cuando enviábamos una carta y se perdía, o la variedad más moderna, como cuando el ordenador se cuelga y nos causa problemas).

La retrogradación de Mercurio también puede afectar a los viajes, por ejemplo con retrasos en los vuelos o los trenes, atascos de tráfico o accidentes. Mercurio también influye en las comunicaciones personales –escuchar, hablar, ser escuchado (o no)– y puede provocar confusión y discusiones. También pude afectar a acuerdos más formales, como contratos de compraventa.

Estos periodos retrógrados ocurren tres o cuatro veces al año y duran unas tres semanas, con un periodo de sombra antes y después. En función de cuándo sucedan, coincidirán con un signo astrológico específico. Si, por ejemplo, ocurre entre el 25 de octubre y el 15 de noviembre, su efecto tendrá que ver con las características de Escorpio. Por otro lado, las personas cuyo signo solar sea Escorpio o que tengan a Escorpio en lugares importantes de su carta, experimentarán un efecto más intenso.

Es fácil encontrar las fechas de retrogradación de Mercurio en tablas astrológicas, o efemérides, y en línea: se pueden usar para evitar planificar en esas fechas eventos que se pudieran ver afectados. Para saber cómo la retrogradación de Mercurio te puede afectar más personalmente, necesitas conocer bien tu carta astral y entender las combinaciones más específicas de los signos y los planetas en la misma.

Si quieres superar con más tranquilidad una retrogradación de Mercurio, has de tener presente la probabilidad de que surjan problemas, así que, en lo posible, prevé que habrá algún retraso y comprueba los detalles un par de veces o tres. No pierdas la actitud positiva si algo que esperabas se pospone y entiende este periodo como una oportunidad para hacer una pausa, repasar y reconsiderar ideas tanto en tu vida personal como en la profesional. Aprovecha el tiempo para corregir errores o reajustar planes, para estar preparado cuando la energía se desbloquee y todo pueda fluir con más facilidad.

Agradecimientos

Quiero transmitir un agradecimiento especial
a mi fiel equipo de Tauros. En primer lugar,
a Kate Pollard, directora editorial, por su
pasión por los libros maravillosos y por haber
encargado esta colección. Y a Bex Fitzsimons,
por su edición tan benévola como meticulosa.
Y, finalmente, a Evi O. Studio, cuyo talento
dibujando e ilustrando han producido estas
pequeñas obras de arte. Con un equipo tan
lleno de estrellas, estos libros no pueden más
que brillar. Y os doy las gracias por eso.

Acerca de la autora

Stella Andromeda estudia astrología desde hace
más de treinta años y está convencida de la
utilidad de conocer las constelaciones celestes
y sus posibles interpretaciones psicológicas. La
traducción de sus estudios en libros ofrece una
visión moderna y accesible de la antigua sabiduría
de las estrellas, que transmite su firme convicción
de que la reflexión y el autoconocimiento
nos hacen más fuertes. Con su sol en Tauro,
ascendente Acuario y Luna en Cáncer, utiliza la
tierra, el aire y el agua para inspirar su
viaje astrológico personal.

La edición original de esta obra ha sido publicada en
el Reino Unido en 2019 por Hardie Grant Books, sello editorial
de Hardie Grant Publishing, con el título

Taurus: A Guide To Living Your Best Astrological Life

Traducción del inglés
Montserrat Asensio

Primera edición: *febrero de 2020*

Impreso en China
Depósito legal: B 24038-2019
Código Thema: VXFA1

ISBN 978-84-16407-72-9